Lukas Brand

Der Fall Hasenhüttl

GRIN Verlag

Bibliografische Information der Deutschen Nationalbibliothek:

Die Deutsche Bibliothek verzeichnet diese Publikation in der Deutschen National-
bibliografie; detaillierte bibliografische Daten sind im Internet über http://dnb.d-
nb.de/ abrufbar.

Impressum:

Copyright © 2012 GRIN Verlag GmbH
Druck und Bindung: Books on Demand GmbH, Norderstedt Germany
ISBN: 978-3-656-21419-9

Dieses Buch bei GRIN:

http://www.grin.com/de/e-book/195594/der-fall-hasenhuettl

GRIN - Your knowledge has value

Der GRIN Verlag publiziert seit 1998 wissenschaftliche Arbeiten von Studenten, Hochschullehrern und anderen Akademikern als eBook und gedrucktes Buch. Die Verlagswebsite www.grin.com ist die ideale Plattform zur Veröffentlichung von Hausarbeiten, Abschlussarbeiten, wissenschaftlichen Aufsätzen, Dissertationen und Fachbüchern.

Besuchen Sie uns im Internet:

http://www.grin.com/

http://www.facebook.com/grincom

http://www.twitter.com/grin_com

Ruhr-Universität Bochum

Katholisch Theologische Fakultät

Sommersemester 2012

Lehrstuhl für Kirchenrecht

Hauptseminar: Kirchenrecht in den Medien

Ausarbeitung zum Referat

Der Fall Hasenhüttl

Bochum, 08.06.2012

Lukas Brand

Magister Theologiae (2. Fachsemester)

Inhaltsverzeichnis

1. Einleitung 2

2. Darstellung des Falls vom Ökumenischen Kirchentag an 2

3. Kirchenrechtliche Hintergründe 4

4. Was hat Hasenhüttl falsch gemacht? 8

5. Wie wird das Verhalten Hasenhüttls sanktioniert? 10

Bezüglich seines Verhaltens im Rahmen der unerlaubten Spendung der
Eucharistie an Gläubige außerhalb der vollen Gemeinschaft der katholischen
Kirche 10

Bezüglich seines Kirchenaustrittes 10

6. Reaktionen Hasenhüttls 11

7. Literaturverzeichnis 13

1. Einleitung

Die vorliegende Arbeit beschäftigt sich mit dem Fall des suspendierten Priesters Hasenhüttl, der sich auf dem Ökumenischen Kirchentag 2003 der unerlaubten Spendung der Eucharistie an Protestanten sowie dem Ungehorsam gegenüber den Bischöfen und dem Papst schuldig gemacht hat.

Dazu wird zunächst der Verlauf des Falles kurz dargestellt. Anschließend soll der rechtliche Rahmen der Spendung der Sakramente (insbesondere der Eucharistie) an Gläubige verschiedener Konfessionen dargestellt werden. Dazu wird auf die volle Gemeinschaft der Gläubigen mit der Kirche eingegangen. Anschließend werden vor diesem Hintergrund die Verstöße Hasenhüttls herausgearbeitet und in einem abschließenden Schritt die für den Gegenstand der Arbeit wesentlichen Sanktionen zusammengefasst und kurz erläutert.

2. Darstellung des Falls vom Ökumenischen Kirchentag an[1]

Am Rande des Ökumenischen Kirchentages vom 28.05. bis 01.06.2003 konzelebrierte der katholische Priester und emeritierte Professor Gotthold Hasenhüttl trotz des Verbotes durch die deutschen Bischöfe und unter der Kenntnis des Lehramtlichen Schreibens „Ecclesia de Eucharistia" vom Heiligen Stuhl am 17.04. des selben Jahres, mit einer evangelischen Pastorin. Gemeinsam mit Mitgliedern der katholischen sowie der evangelischen Konfession feierten sie das Abendmahl im katholischen Ritus. Hasenhüttl lud alle Anwesenden ausdrücklich zur Kommunion ein und teilte die Eucharistie allen aus, die zu ihm an den Altar traten, darunter auch Mitglieder der protestantischen Gemeinschaft.[2] Auch wenn Hasenhüttl die Folgen seiner Handlung abstreitet, handelte er wohl zweifellos in dem Bewusstsein, dass sein Handeln unter den Gläubigen zu Indifferentismus bezüglich des Sakramentes führen und Ärgernis in der kirchlichen Gemeinschaft hervorrufen würde.

Hasenhüttl wurde wegen der nicht erlaubten Konzelebration und der Spendung der Eucharistie an Protestanten, am 01.07. im Anschluss an den Kirchentag durch den Trierer Bischof Reinhardt Marx verwarnt und schließlich am 17.07. vom Priesteramt suspendiert. Hasenhüttl reichte beim Heiligen Stuhl gegen die

---

[1] Die folgende Darstellung ist, wenn nicht andere Quellen angegeben sind, durch den Briefwechsel zwischen Hasenhüttl und Bischof Marx bzw. den anderen genannten Korrespondenzpartnern gut belegt. Dieser kann auf der Internetseite http://www.uni-saarland.de/fak3/hasenhuettl/dokumentation.htm eingesehen werden.

[2] Vgl. http://www.spiegel.de/panorama/gesellschaft/0,1518,694457,00.html.

Suspension Beschwerde ein, woraufhin diese nach can. 1353 CIC/1983 vorläufig aufgeschoben wurde.

Am 24.04.2004 bestätigte der Vatikan per Dekret durch die Glaubenskongregation die Suspendierung Hasenhüttls, woraufhin dieser erneut Rekurs einlegte. Am 12.11. wies die Glaubenskongregation unter Kardinal Ratzinger den Rekurs zurück. Hasenhüttl war nun endgültig vom Priesteramt suspendiert. Per Dekret wurde dem emeritierten Professor Hasenhüttl durch Bischof Marx am 02.01.2006 nach längerem Briefwechsel außerdem die kirchliche Lehrerlaubnis entzogen. Auch dieses Dekret wurde nach der Ausschöpfung aller Rechtswege vom Heiligen Stuhl bestätigt.

Als 2009 Bischof Ackermann das Bistum Trier übernahm, bat Hasenhüttl diesen um die Aufhebung seiner Suspendierung. Ackermann wies darauf hin, dass die Aufhebung nach wie vor an die Bedingung geknüpft sei, dass Hasenhüttl die Lehren der katholischen Kirche bekenne.[3] Im Interview mit Spiegel-ONLINE sagte Hasenhüttl kurz vor dem Ökumenischen Kirchentag in München am 12.5.2010: „Derzeit ist die katholische Kirche wie ein Fluss, in den man schädliche Chemikalien eingeleitet hat. Wer daraus trinkt, vergiftet sich und stirbt."[4] Hasenhüttl kündigte an, er werde „auch dieses Mal einen inoffiziellen ökumenischen Gottesdienst abhalten"[5].

Während des Ökumenischen Kirchentages in München (12.-15.05.2010) feierte Hasenhüttl trotz des Verbotes also erneut einen Gottesdienst mit Mitgliedern beider Konfessionen.[6] Im September 2010 erklärte Hasenhüttl seinen Kirchenaustritt.[7] Laut can. 1364 CIC/1983 zog er sich die Tatstrafe der Exkommunikation zu.

---

[3] Saarbrücker Zeitung vom 16.11.2009 http://www.saarbruecker-zeitung.de/aufmacher/lokalnews/Priesteramt-Aufhebung-Kirchenkritiker-Gotthold-Hasenhuettl;art27857,3099953#.T7yxjlI8190.
[4] http://www.spiegel.de/panorama/gesellschaft/0,1518,694457,00.html.
[5] Ebenda
[6] http://www.uni-saarland.de/fak3/hasenhuettl/dokumentation. htm Abendmahl-Gemeinschaft ist das Gebot Jesu Christi.
[7] http://www.uni-saarland.de/fak3/hasenhuettl/aktuelles.htm.

3. Kirchenrechtliche Hintergründe

Im Folgenden sollen ausgehend vom can. 843 § 1 CIC/1983 die rechtlichen Rahmenbedingungen geklärt werden, unter denen Hasenhüttl sich schuldig gemacht hat und nach denen sein Handeln sanktioniert wurde. Dazu wird zunächst geklärt, wer nach Vorstellung des Gesetzgebers und mit Hinblick auf „Lumen Gentium" volles Mitglied der katholischen Kirche ist. Dann wird das Verständnis der Eucharistie als Sakrament der Einheit der Kirche anhand der Enzykliken von Johannes Paul II. „Ut Unum Sint" und „Ecclesia de Eucharistia" kurz dargestellt. Schließlich soll geklärt werden, wer und unter welchen Umständen nach den Richtlinien des Codex Iuris Canonici die Kommunion von einem katholischen Priester empfangen darf und wer nicht.

Der Codex des kanonischen Rechts legt fest, dass jeder Gläubige das Recht hat, von der Kirche das Wort Gottes und die Sakramente durch die geistlichen Amtsträger zu empfangen (can. 213 CIC/1983). Dieses Recht der Gläubigen wird in der Pflicht der geistlichen Amtsträger konkretisiert,[8] „die Sakramente denen nicht [zu] verweigern, die gelegen darum bitten, in rechter Weise disponiert sind und rechtlich an ihrem Empfang nicht gehindert sind." (can. 843 § 1 CIC/1983)

Sind die Voraussetzungen des can. 843 CIC/1983 erfüllt, ist der Spender also verpflichtet, das Sakrament zu spenden. Eine Verweigerung kann den Straftatbestand des Amtsmissbrauches erfüllen (can. 1389 CIC/1983) und Grund für eine Amtsenthebung des Spenders sein (can. 1741 n. 4 CIC/1983). Ob ein Gläubiger die Voraussetzungen erfüllt, kann ein Spender aber möglicherweise im Einzelfall nicht objektiv entscheiden.[9] Zunächst sollen die einzelnen Vorraussetzungen des can. 843 CIC/1983 genauer untersucht werden: Gelegen bittet, wer zu einer angemessenen Zeit, in angemessener Weise und Haltung um ein Sakrament bittet, so dass bezüglich des Rahmens der Spendung keine Gleichgültigkeit auftritt und die Würde des Sakramentes gewahrt bleibt. In ‚rechter Weise disponiert' ist, wer eine hinreichende Kenntnis um die Bedeutung des Sakramentes besitzt, den Wunsch hat, das Sakrament zu empfangen und nicht die Absicht hat, dessen Wirkung ein Hindernis entgegenzusetzen.[10]

---

[8] Vgl. Althaus, Rüdiger in: Klaus Lüdicke (Hrsg.), Münsterischer Kommentar zum Codex Iuris Canonici (Loseblattwerk, Stand: April 2012), Essen seit 1984, 843, 2.
[9] Vgl. Ebenda.
[10] Vgl. Althaus, Rüdiger in: Klaus Lüdicke (Hrsg.), Münsterischer Kommentar zum Codex Iuris Canonici (Loseblattwerk, Stand: April 2012), Essen seit 1984, 843, 3.

Wer das Recht auf den Empfang der Sakramente hat und wer erlaubt die Sakramente spendet, wird in den Paragraphen des folgenden can. 844 CIC/1983 geregelt. Den Regelfall stellt nach § 1 diejenige Situation dar, in der ein katholischer Spender die Sakramente einem katholischen Gläubigen spendet. Umgekehrt empfängt ein katholischer Gläubiger die Sakramente erlaubt nur von einem katholischen Spender.

Die §§ 2, 3 und 4 regeln die Ausnahmefälle: So empfängt ein katholischer Gläubiger die Sakramente der Buße, der Eucharistie und der Krankensalbung erlaubt von einem nichtkatholischen Spender, wenn es dem Gläubigen aus physischen oder moralischen Gründen nicht möglich ist, „eine Notwendigkeit es erfordert oder ein wirklicher geistlicher Nutzen dazu rät und sofern die Gefahr des Irrtums oder des Indifferentismus vermieden wird" (can. 844 § 2 CIC/1983) und in der Kirche des Spenders die genannten Sakramente nach Auffassung der katholischen Kirche gültig gespendet werden.

Der katholische Spender spendet die Sakramente der Buße, der Eucharistie und der Krankensalbung Angehörigen der orientalischen und der nach dem Urteil des Apostolischen Stuhls gleichgestellten Kirchen, die nicht die „volle Gemeinschaft mit der katholischen Kirche haben" (can. 844 § 3 CIC/1983), erlaubt, wenn diese die gleichen Voraussetzungen erfüllen, wie die katholischen Empfänger, also von sich aus gelegen darum bitten, in rechter Weise disponiert und nicht rechtlich am Empfang der Sakramente gehindert sind.

Für den Fall Hasenhüttl ist der folgende can. 844 § 4 CIC/1983 von Bedeutung:

> „Wenn Todesgefahr besteht oder wenn nach dem Urteil des Diözesanbischofs bzw. der Bischofskonferenz eine andere schwere Notlage dazu drängt, spenden katholische Spender diese Sakramente erlaubt auch den übrigen nicht in der vollen Gemeinschaft mit der katholischen Kirche stehenden Christen, die einen Spender der eigenen Gemeinschaft nicht aufsuchen können und von sich aus darum bitten, sofern sie bezüglich dieser Sakramente den katholischen Glauben bekunden und in rechter Weise disponiert sind." (can. 844 § 4 CIC/1983)

In den letzten beiden Paragraphen wird vom Gesetzgeber zwischen Christen in voller bzw. nicht in voller Gemeinschaft mit der katholischen Kirche differenziert. Was der Gesetzgeber darunter versteht, wird in den cann. 96 und 205 CIC/1983 dargelegt:

> „Durch die Taufe wird der Mensch der Kirche Christi eingegliedert und wird in ihr zur Person mit den Pflichten und Rechten, die den Christen unter Beachtung ihrer jeweiligen Stellung eigen sind, soweit sie sich in der kirchlichen Gemeinschaft befinden und wenn nicht eine rechtmäßig verhängte Sanktion entgegensteht." (can. 96 CIC/1983)

Wer also getauft ist, ist gläubiges Mitglied der Kirche Christi und fällt unter die Rechtsbestimmung des can. 213 CIC/1983. Sie sind damit aber noch keine formalen Mitglieder der kirchlichen (ergänze „katholischen") Gemeinschaft mit „Pflichten und Rechten".[11]

In der Konstitution Lumen Gentium des zweiten Vatikanums heißt es:

> „Jene werden der Gemeinschaft der Kirche voll eingegliedert, die, im Besitze des Geistes Christi, ihre ganze Ordnung und alle in ihr eingerichteten Heilsmittel annehmen und in ihrem sichtbaren Verband mit Christus, der sie durch den Papst und die Bischöfe leitet, verbunden sind, und dies durch die Bande des Glaubensbekenntnisses, der Sakramente und der kirchlichen Leitung und Gemeinschaft."[12]

Der Codex verdichtet diese Auffassung im can. 205 CIC/1983, der wiederum den oben genannten can. 96 CIC/1983 konkretisiert:

> „Voll in der Gemeinschaft der katholischen Kirche in dieser Welt stehen jene Getauften, die in ihrem sichtbaren Verband mit Christus verbunden sind, und zwar durch die Bande des Glaubensbekenntnisses, der Sakramente und der kirchlichen Leitung."(can. 205 CIC/1983)

Zusammen mit dem Can. 844 bedeutet dies, dass die Gemeinschaft mit der katholischen Kirche nach dem Verständnis von Lumen Gentium also nicht durch die Eucharistie zustande kommt, sondern die Gemeinschaft in der Annahme der Sakramente für die rechtliche Zulassung zur Spendung der Eucharistie als Sakrament der Einheit der Kirche vorausgesetzt wird.

Johannes Paul II. wies auf dieses Verständnis in seiner Enzyklika „Ecclesia de Eucharistia" im April 2003 kurz vor dem Ökumenischen Kirchentag hin. Er schrieb damals:

> „Die Feier der Eucharistie kann [...] nicht der Ausgangspunkt der Gemeinschaft sein, sie setzt die Gemeinschaft vielmehr voraus und möchte sie stärken und zur Vollendung führen."[13]

Entscheidend für die gemeinsame Feier der eucharistischen Liturgie ist nach dem Verständnis von EdE die Wiederherstellung der „vollen Gemeinschaft durch die Bande des Glaubensbekenntnisses, der Sakramente und des kirchlichen Leitungsamtes"[14], wie es im Codex vorgeschrieben ist. Die Eucharistie ist also Ausdruck und nicht Mittel und stellt unerlaubt gefeiert unter dem Eindruck des Indifferentismus und der Verwirrung möglicherweise sogar *„ein Hindernis für das Erreichen der vollen Gemeinschaft"*[15] dar.

Johannes Paul II. wies außerdem auf das Verbot der Konzelebration mit Amtsträgern von kirchlichen Gemeinschaften (can. 908 CIC/1983) hin:

> „Das Verbot durch das kirchliche Gesetz läßt in dieser Frage keinen Raum für Unklarheiten [Fußnote: Vgl. CIC, can. 908; CCEO, can. 702; Päpstlicher Rat

---

[11] Vgl. can. 96 CIC/1983.
[12] LG 14.
[13] EdE 35.
[14] EdE 44.
[15] Ebenda.

6

zur Förderung der Einheit der Christen, Direktorium zur Ausführung der Prinzipien und Normen über den Ökumenismus (25. März 1993), 122-125, 129-131: AAS 85 (1993), 1086-1089; Kongregation für die Glaubenslehre, Schreiben Ad exsequendam (18. Mai 2001): AAS 93 (2001), 786.] und folgt in Treue der vom Zweiten Vatikanischen Konzil verkündeten moralischen Norm. [Fußnote: »Wenn eine Communicatio in sacris die Einheit der Kirche verletzt oder wenn sie eine formale Bejahung einer Irrlehre, die Gefahr eines Glaubensabfalls, eines Ärgernisses oder religiöser Gleichgültigkeit in sich birgt, dann ist sie durch göttliches Gesetz verboten«: II. Vatikanisches Konzil, Dekret über die katholischen Ostkirchen Orientalium Ecclesiarum, 26.]"[16] Der Sachverhalt der unerlaubten Konzelebration wird unten noch genauer dargestellt.

Johannes Paul II. schrieb schließlich zu dem hier zentralen can. 844 § 4 CIC/1983:

„Es ist notwendig, diese Bedingungen genau zu befolgen. Sie sind unumgänglich, auch wenn es sich um begrenzte Einzelfälle handelt. Die Ablehnung einer oder mehrerer Glaubenswahrheiten über diese Sakramente, etwa die Leugnung der Wahrheit bezüglich der Notwendigkeit des Weihepriestertums zur gültigen Spendung dieser Sakramente, hat zur Folge, daß der Bittsteller nicht für ihren rechtmäßigen Empfang disponiert ist."[17]

In „Ut Unum Sint" schrieb Johannes Paul II. bereits 1996:

„Doch haben wir den sehnlichen Wunsch, gemeinsam die eine Eucharistie des Herrn zu feiern, und dieser Wunsch wird schon zu einem gemeinsamen Lob, zu ein und demselben Bittgebet. Gemeinsam wenden wir uns an den Vater und tun das zunehmend ‚mit nur einem Herzen'."[18]

Er schrieb aber außerdem, „daß die katholischen Priester in bestimmten Einzelfällen die Sakramente der Eucharistie, der Buße und der Krankensalbung anderen Christen spenden können"[19], wenn diese zwar noch nicht formal Mitglieder der katholischen Kirche sind, den Empfang der Sakramente aber ersehnen und auch sonst wie Mitglieder einer rechtlich gleichgestellten Kirche die Bedingungen erfüllen.[20]

Wie sich die Einzelfälle, auf die Johannes Paul II. hinweist, nach dem Codex gestalten, soll nun geklärt werden.

Da sie die kirchliche Leitung durch den Papst nicht anerkennen und die katholische Lehre bezüglich der Sakramente nicht in vollem Umfang annehmen, handelt es sich bei evangelischen Christen nach den Vorgaben des Gesetzgebers in can. 205 CIC/1983 nicht um Getaufte in der vollen Gemeinschaft mit der katholischen Kirche.

---

[16] EdE 44.
[17] EdE 46.
[18] Uus 45.
[19] Uus 46.
[20] Vgl. ebenda.

7

Damit ein katholischer Spender einem Mitglied der evangelischen Gemeinschaft ein Sakrament gemäß can. 844 § 4 CIC/1983 erlaubt spendet, müssen also folgende Umstände zusammen auftreten:

(1) Es muss für den Gläubigen Todesgefahr oder ähnliches bestehen.

(2) Der Christ hat nicht die Möglichkeit einen Spender seiner Gemeinschaft aufzusuchen,

(3) Er muss von sich aus gelegen darum bitten,

(4) Bzgl. des Sakramentes den katholischen Glauben bekunden,

(5) Und er muss wie in can. 843 in rechter Weise disponiert sein.

(6) Außerdem: (a) Er darf nicht rechtlich daran gehindert sein und (b) es darf nicht der Eindruck des Indifferentismus oder ein Ärgernis auftreten.[21]

Eine Spendung der Eucharistie durch einen katholischen Amtsträger an einen Christen, für den diese Bedingungen erfüllt sind, nennt Johannes Paul II. in EdE

> „die Spendung der Eucharistie *unter besonderen Umständen und an einzelne Personen*, die zu Kirchen oder kirchlichen Gemeinschaften gehören, die nicht in der vollen Gemeinschaft mit der katholischen Kirche stehen."[22]

Er führt deren Sinn weiter aus und grenzt eine solche Spendung von der Interkommunion ab:

> „In diesem Fall geht es nämlich darum, einem schwerwiegenden geistlichen Bedürfnis einzelner Gläubiger im Hinblick auf das ewige Heil entgegenzukommen, nicht aber um die Praxis einer *Interkommunion*, die nicht möglich ist, solange die sichtbaren Bande der kirchlichen Gemeinschaft nicht vollständig geknüpft sind."[23]

4. Was hat Hasenhüttl falsch gemacht?

Die Spendung der Eucharistie an Protestanten durch Hasenhüttl lässt sich anhand der Umstände, die sich aus can. 844 ergeben, auf ihre Rechtmäßigkeit überprüfen:

(1) Dass für einen der evangelischen Gläubigen, an die Hasenhüttl die Eucharistie austeilte, Todesgefahr bestand, kann vernünftigerweise ausgeschlossen werden. (2) Hasenhüttl konzelebrierte mit einer evangelischen Pastorin. Die evangelischen Gläubigen hatten also durchaus die Möglichkeit einen Spender ihrer Gemeinschaft um die Eucharistie zu bitten. (3) Die Spendung der Eucharistie war organisiert und fand in einem aus Hasenhüttls Sicht angemessenen Rahmen statt, die Bitte der Gläubigen kam also in keinem Falle ungelegen; außerdem

---

[21] Diese beiden letzten Punkte ergeben sich aus der Auslegung der vorangegangenen §§ 2 und 3. Vgl. Althaus, Rüdiger in: Klaus Lüdicke (Hrsg.), Münsterischer Kommentar zum Codex Iuris Canonici (Loseblattwerk, Stand: April 2012), Essen seit 1984, 844, 8.
[22] EdE 45.
[23] Ebenda.

kann man davon ausgehen, dass niemand aus äußerem Zwang zur Kommunion ging. (4) Ob die Gläubigen in jedem einzelnen Fall bezüglich des Sakramentes der Eucharistie den katholischen Glauben für sich bekundeten, wie der Codex Iuris Canonici es fordert, kann nicht festgestellt, aber im Zweifelsfalle doch wenigstens unterstellt werden. (5) Auch kann man mit etwas gutem Willen voraussetzen, dass die Gläubigen nach den obigen Kriterien in rechter Weise disponiert waren. (6, a) Rechtliche Hinderung würde beispielsweise im Falle einer schweren Sünde vorliegen, was aber nach Auslegung des kanonischen Rechts dem Bittenden nicht angesehen werden kann. Als nicht in der katholischen Kirche Getaufte und nicht in sie Aufgenommene, fallen die evangelischen Gläubigen nach can. 11 aber ohnehin nicht unter die Normen des kanonischen Rechts. (b) Betrachtet man die Umstände, unter denen Hasenhüttl die Eucharistie an Protestanten austeilte, kann ein Indifferentismus bezüglich dieser Handlung unter den Gläubigen nicht ausgeschlossen werden. Außerdem ist der verborgenen Organisation der Veranstaltung zu entnehmen, dass Hasenhüttl zweifellos bewusst war, dass sein Handeln ein Ärgernis für die Amtskirche und viele katholische Gläubige darstellen würde.

Die Formulierung des Codex und der erwähnten Schreiben von Johannes Paul II. bringen klar zum Ausdruck, dass alle beschriebenen Umstände erfüllt sein müssen, damit ein katholischer Priester die Eucharistie einem Mitglied der evangelischen Glaubensgemeinschaft erlaubt spendet. Nun konnte gezeigt werden, dass zwar die Punkte (3), (4) und (5), die sich auf die Disposition der Empfänger beziehen, unter Umständen erfüllt sind, unter den gegebenen Rahmenbedingungen aber ein Indifferentismus auftritt, den die Forderung (2) und (6) aber im Grunde auszuschließen versuchen.

Unter (2) tauchte im Argument die Konzelebration auf. Auch in diesem Punkt hat Hasenhüttl, wie oben dargestellt, gegen das kanonische Recht verstoßen. Hier geht es insbesondere um can. 908 CIC/1983, der es katholischen Priestern verbietet,

> „zusammen mit Priestern oder Amtsträgern von Kirchen oder kirchlichen Gemeinschaften, die nicht in der vollen Gemeinschaft mit der katholischen Kirche stehen, die Eucharistie zu konzelebrieren." (can. 908 CIC/1983)

Da der Papst und die Bischöfe noch im Vorfeld des Kirchentages ausdrücklich auf die Rechtslage bezüglich der Kommunionspendung und der Communicatio in sacris hingewiesen und diese bekräftigt hatten, verstieß Hasenhüttl ferner gegen can. 273 CIC/1983, der die Kleriker zu besonderem Gehorsam gegenüber dem Papst und ihrem Ordinarius verpflichtet. Nach dem Schreiben von Bischof Marx vom 01.07.2003 hat Hasenhüttl außerdem gegen den can. 933 CIC/1983 zur Eucharistie „in einem Gotteshaus irgendeiner Kirche oder kirchlichen Gemeinschaft [...], die nicht die volle Gemeinschaft mit der katholischen Kirche haben" verstoßen und gegen die Vorschrift des can. 846 CIC/1983 gehandelt, nach dem bei der Feier der Eucharistie „die von der zuständigen Autorität gebilligten liturgischen Bücher getreu zu beachten" sind.

5. Wie wird das Verhalten Hasenhüttls sanktioniert?

Bezüglich seines Verhaltens im Rahmen der unerlaubten Spendung der Eucharistie an Gläubige außerhalb der vollen Gemeinschaft der katholischen Kirche

Weil Hasenhüttl die Besonderheit des Umstandes nicht nachweisen konnte und nach Auffassung der Glaubenskongregation kein geistiger Nutzen für die evangelischen Empfänger bestand, Indifferentismus befürchtet werden musste und Hasenhüttl gegenüber dem Papst ungehorsam handelte, wurde er gemäß den cann. 1365 und 1371 n. 2 CIC/1983 mit einer gerechten Strafe belegt, die in seiner Suspension vom Priesteramt bestand.

So schrieb Bischof Reinhard Marx in seinem Dekret vom 01.07.2003:

> „Nach c. 1365 CIC soll derjenige, welcher sich einer verbotenen Gottesdienstgemeinschaft schuldig macht, mit einer gerechten Strafe belegt werden. [...] Nach c. 1371, 2° CIC soll mit einer gerechten Strafe belegt werden, ‚wer [...] dem Apostolischen Stuhl, dem Ordinarius oder dem Oberen, der rechtmäßig gebietet oder verbietet, nicht gehorcht und nach Verwarnung im Ungehorsam verharrt'."[24]

Hasenhüttl sollte gemäß c. 1347 § 2 CIC/1983 seine Handlung bereuen und eine Behebung des Ärgernisses leisten. Er lenkte jedoch nicht ein und so wurde das Dekret nach Beschreiten des Rechtsweges vom Heiligen Stuhl bestätigt. Hierdurch werden ihm nach can. 1333 § 1 CIC/1983, Akte der Weihe- oder der Leitungsgewalt, sowie „die Ausübung aller oder einiger der mit einem Amt verbundenen Rechte oder Aufgaben" verboten.

Außerdem wurde ihm, da er hartnäckig in seiner Haltung zum Papst und der Beurteilung seiner eigenen Handlungen verharrte, 2006 von Bischof Marx per Dekret die Lehrerlaubnis (Nihil obstat) entzogen. Er darf seither nicht mehr im Namen der katholischen Kirche lehren.

Bezüglich seines Kirchenaustrittes

Weil Hasenhüttl, seit seinem Kirchenaustritt 2010, nach dem Verständnis der deutschen Bischofskonferenz ein Schismatiker im Sinne des can. 751 CIC/1983

---

[24] http://www.uni-saarland.de/fak3/hasenhuettl/dokumentation.htm Ankündigung der Suspendierung vom Priesteramt.

ist, zog er sich in Folge des Kirchenaustritts nach can. 1364 § 1 CIC/1983 „die Exkommunikation als Tatstrafe zu." Als Kleriker kann er hiernach „außerdem mit den Strafen gemäß can. 1336, § 1, nn. 1, 2 und 3 belegt werden."

§ 2 besagt, dass bei andauernder Widersetzlichkeit oder besonderer Schwere des Ärgernisses „weitere Strafen hinzugefügt werden [können], die Entlassung aus dem Klerikerstand nicht ausgenommen." (can. 1364 § 2 CIC/1983)

Die Sanktionen im Zuge der Exkommunikation regelt can. 1331 CIC/1983, wobei § 1 die Sanktionen im Fall der Exkommunikation als Tatstrafe und § 2 im Fall der Spruchstrafe regelt. Exkommunikation bedeutet dann den Ausschluss aus „der Feier des eucharistischen Opfers" (can. 1331 § 1 n. 1 CIC/1983), insbesondere dem Spenden oder Empfangen der Sakramente (can. 1331 § 1 n. 2 CIC/1983). Dem Exkommunizierten ist es außerdem untersagt, „jedwede kirchlichen Ämter, Dienste oder Aufgaben auszuüben oder Akte der Leitungsgewalt zu setzen." (can. 1331 § 1 n. 3 CIC/1983) Im Falle der Exkommunikation von Priestern gehen mit ihr implizit die Sanktionen einer Suspension einher.

Der can. 1336 § 1 CIC/1983 regelt die Sühnestrafen. Diese sind unter anderem laut n. 2 und wegen can. 1364 § 2 CIC/1983 n. 5:

> „Entzug einer Vollmacht, eines Amtes, einer Aufgabe, eines Rechtes, eines Privilegs, einer Befugnis, eines Gunsterweises, eines Titels, einer Auszeich-nung, auch wenn sie nur ehrenhalber verliehen wurde; [...] Entlassung aus dem Klerikerstand."

Es ist wichtig zu unterscheiden, dass, wer suspendiert ist, nicht exkommuniziert ist. Wer exkommuniziert ist, ist aber nach can. 1331 § 1 n. 3 CIC/1983 (Tatstra-fe) im Prinzip auch suspendiert oder setzt nach § 2 n. 2 (Spruchstrafe) Akte der Leitungsgewalt ungültig bzw. muss nach § 2 n. 1 von liturgischen Handlungen abgehalten werden.

6. Reaktionen Hasenhüttls

Im Hinblick auf die Argumentation der Parteien lässt sich im Wesentlichen fest-stellen, dass Hasenhüttl sein Handeln damit begründet und verteidigt, dass unter einem bestimmten Verständnis von Kirchengemeinschaft die oben erläuterten Bedingungen (3), (4) und (5) in einer gewissen Weise gegeben waren, Bischof Marx und die Glaubenskongregation auf der anderen Seite ihr Urteil vor allem auf Verfehlungen gegen die Punkte (2) und (6) sowie den Ungehorsam gegenüber der Kirchenleitung stützen.

Ein ähnlicher Dissens zwischen Hasenhüttl und den deutschen Bischöfen besteht im Verständnis der Kirchengliedschaft bzw. insbesondere des Kirchenaustritts.

Hasenhüttl bemerkte in seiner Kirchenaustrittserklärung 2010 an Bischof Ackermann folgendes:

> „Entsprechend dem Schreiben des ‚Päpstlichen Rat für die Gesetzestexte', Va-
> tikan 13.3.2006 (Prot. N. 10279/2006), das von Papst Benedikt XVI. appro-
> biert wurde, ist dieser Austritt aus der Institution kein Glaubensabfall im Sin-
> ne des Kirchenrechts. Der Text (Nr.3) lautet: ‚Der rechtlich-
> verwaltungsmäßige Akt eines Austritts aus der Kirche konstituiert nicht PER
> SE einen formalen Akt des Abfalls, wie er vom Codex verstanden wird, denn
> es ist möglich, dass dennoch der Wille vorhanden sein könnte, in der Gemein-
> schaft des Glaubens zu bleiben.' Genau dieser Wille ist bei mir vorhanden.
> (Benedikt XVI. im Motu proprio ‚Omnium in mentem' vom 26.9.2009 hat diese
> Möglichkeit nochmals bestätigt. Anderslautende Erklärungen der Deutschen
> Bischofskonferenz sind auf Grund der römischen Erklärungen unwirksam. Dies
> unterstreicht das Schreiben des Präsidenten des Päpstlichen Rates für die Ge-
> setzestexte vom 5.8.2010, in dem erklärt wird, dass eine Koppelung der Kir-
> che als Körperschaft öffentlichen Rechts mit der Mitgliedschaft in der Glau-
> bensgemeinschaft gegen weltkirchliche Bestimmungen verstößt.)"[25]

Diesen Dissens weiter zu erläutern und die Argumente der streitenden Parteien
sowohl kirchenrechtlich als auch theologisch zu hinterfragen, stellt eine weiter-
gehende Aufgabe und kirchenrechtliche Fragestellung dar, die nicht mehr Teil
dieser Hausarbeit sein kann.

Im Hinblick auf die Geschehnisse ist festzustellen, dass die Vorwürfe in Bezug auf
die tatsächlichen Verstöße Hasenhüttls gegen das kanonische Recht gerechtfer-
tigt und die Bestrafung angemessen war.

---

[25] http://www.uni-saarland.de/fak3/hasenhuettl/aktuelles.htm.

7. Literaturverzeichnis

1. Althaus, Rüdiger in: Klaus Lüdicke (Hrsg.), Münsterischer Kommentar zum Codex Iuris Canonici (Loseblattwerk, Stand: April 2012), Essen seit 1984, 843; 844.

2. Hasenhüttl, Gotthold: Aktuelles. http://www.uni-saarland.de/fak3/ hasenhuettl/aktuelles.htm. Zuletzt eingesehen am 30.05.2012.

3. Derselbe: Dokumentation. http://www.uni-saarland.de/fak3/ hasenhuettl/dokumentation.htm. Zuletzt eingesehen am 30.05.2012.

4. Ihli, Stefan: Codex Iuris Canonici Online. www.codex-iuris-canonici.de. Zuletzt eingesehen am 30.05.2012.

5. Johannes Paul II: Enzyklika Ecclesia de Eucharistia. 2003. http://www.vatican.va/holy_father/special_features/encyclicals/documents /hf_jp-ii_enc_20030417_ecclesia_eucharistia_ge.html. Zuletzt eingesehen am 30.05.2012. Zitiert als: EdE.

6. Derselbe: Ut unum sint. Über den Einsatz für die Ökumene. 1995. http://www.vatican.va/holy_father/john_paul_ii/encyclicals/documents/hf _jp-ii_enc_25051995_ut-unum-sint_ge.html. Zuletzt eingesehen am 30.05.2012. Zitiert als: Uus.

7. Langer, Anette: Ökumenischer Kirchentag „Die Sexualmoral der Kirche ist schuld", in: Spiegel ONLINE (12.05.2010). http://www.spiegel.de/ panorama/gesellschaft/oekumenischer-kirchentag-die-sexualmoral-der-kirche-ist-schuld-a-694457.html. Zuletzt eingesehen am 30.05.2012.

8. Schleuning, Johannes: Hasenhüttl bittet Bischof um Einlenken, in: Saarbrücker Zeitung (veröffentlicht am 16.12.2009). http://www.saarbrueckerzeitung.de/aufmacher/lokalnews/Priesteramt-Aufhebung-Kirchenkritiker-Gotthold-Hasenhuettl;art27857,3099953#. T8YAM1I8192. Zuletzt eingesehen am 30.05.2012.

9. Dogmatische Konstitution Lumen Gentium http://www.vatican.va/archive/ hist_councils/ii_vatican_council/documents/vat-ii_const_19641121_lumen-gentium_ge.html. Zuletzt eingesehen am 30.05.2012. Zitiert als: LG.